AF253614

Comm. Antonio PADULA

LES
ORDRES CHEVALERESQUES

DU

ROYAUME DE PORTUGAL

Traduit de l'Italien avec l'autorisation de l'Auteur

PAR

Paul PELLOT

Officier de l'Instruction Publique
Membre de la Société Louis Camoens de Naples
de l'Institut Royal et de la Société de Géographie de Lisbonne
Archiviste-Bibliothécaire de la Ville de Rethel

REIMS

IMPRIMERIE COOPÉRATIVE, rue Pluche, 24

1908

Comm. Antonio PADULA

LES
ORDRES CHEVALERESQUES

DU

ROYAUME DE PORTUGAL

Traduit de l'Italien avec l'autorisation de l'Auteur

PAR

Paul PELLOT

Officier de l'Instruction Publique
Membre de la Société Louis Camoens de Naples
de l'Institut Royal et de la Société de Géographie de Lisbonne
Archiviste-Bibliothécaire de la Ville de Rethel

REIMS

IMPRIMERIE COOPÉRATIVE, rue Pluche, 24

1908

Achevé d'Imprimer
le 25 Janvier 1908

—

Imprimerie Coopérative
24, rue Pluche
Reims

AVANT-PROPOS

La Notice dont la traduction va suivre, est due à la plume autorisée de mon savant collègue et ami, le Commandeur Antonio Padula, qui l'a fait paraître dans la collection de la *Société Louis Camoens pour la diffusion des études portugaises en Italie* (1).

Je prie en conséquence mon docte confrère d'agréer le témoignage de vive gratitude que m'impose sa cordiale et généreuse communication.

L'étude en question, publiée sous le patronage du comte Adrien de Valbranca, gentilhomme de la Cour de Sa Majesté Très Fidèle, est précédée d'une élégante dédicace à l'adresse de ce fervent admirateur de la science héraldique.

Je me fais un devoir de reproduire ici ce document, avec la flatteuse lettre de remerciement qui en a été la suite, pour servir de préambule à l'œuvre lusitanophile, dans laquelle l'auteur a fait éclore la fleur de son talent et de son érudition.

---

(1) ANTONIO PADULA. Gli Ordini cavallereschi del Regno di Portogallo. Notizie Storico-Araldiche. Napoli. Stab. Tip. Liugi Pierro et Figlio. 1908.

All' Ill.mo Signore

CONTE ADRIANO DI VALBRANCA

Gentiluomo della Corte di S. M. Fedelissima, Socio con la grande medaglia camoniana d'onore della Società Luigi Camoens.

Portici.

Ill.mo Sig. Conte,

A Lei, tanto benemerito della nostra Società Luigi Camoens nell' agevolarle il nobile.fine di solenni affermazioni di fraternità latina, intitolo con animo grato un mio studio sugli Ordini Cavallereschi del Regno di Portogallo.

Nel fregiare col nome di V. S. Chrma il modesto mio lavoro, so di metterlo sotto il patrocinio di un valoroso cultore di quella scienza araldica, le cui ricerche sono potente ausilio nella soluzione di non pochi problemi storici.

Accolga pertanto, Ill.mo Sig. Conte, con benevola cortesia la tenue offerta di chi si pregia raffermarsi di Lei.

Napoli 16 Dicembre 1907.

Amico e ammiratore devoto

ANTONIO PADU A

Ill.mo Signore,

Il Nob. Comm. Prof. Antonio Padula

Gentiluomo della Corte di S. M. Fedelissima, Segretario Generale,
della Società Luigi Camoens, etc.

Napoli.

Ill.mo Sig. Commendatore,

Ho ricevuto la sua pregiata e gradita comunicazione ufficiale in data di ieri, e mi affretto di esternarle le mie più vive azioni di grazie per l'onore che ha voluto farmi con la dedica del suo studio sugli Ordini Cavallereschi del Portogallo.

Doppiamente grato mi riesce il suo pensiero: in primo luogo, perché l'argomento da Lei trattato mi interessa particolarmente; in secondo luogo, perché ascrivo a singolare fortuna il privilegio di vedere il mio nome legato a una pubblicazione che, come tutte quelle che escono dalla sua magica penna, sarà piena di erudizione profonda e di rare seduzioni stilistiche.

Voglia Ella per ciò, Ill.mo Sig. Commendatore, ed anche per la devozione inalterabile che a Lei mi lega, credermi con i migliori sensi ed ossequii.

Portici, 17 Dicembre 1907.

Obbl.mo suo

Adriano di Valbranca

LES
ORDRES CHEVALERESQUES
DU ROYAUME DE PORTUGAL

Lorsque le Roi de Castille, Alphonse VI, investit, en 1095, Henri de Bourgogne, du comté de Portugal, la partie méridionale du royaume de ce nom se trouvait sous la domination des Arabes et des Maures qui avaient envahi la Péninsule Ibérique.

Le comte Henri, Alphonse Henriquez ou Alphonse I, son fils, et leurs successeurs, devenus rois de Portugal, se virent contraints de continuer la guerre pour se défendre des Musulmans et conquérir sur eux de nouveaux territoires.

L'Alemtejo et les Algarves devinrent le théâtre de glorieux faits d'armes, jusqu'au moment où toute la région entre le Tage, la mer et la Guadiana, fut définitivement réunie au reste du Pays, pour former le Portugal actuel que les Maures évacuèrent avant le reste de la Péninsule. Le joug musulman cessa, en effet, dans les Algarves au milieu du XIIIᵉ siècle sous Alphonse III, et les frontières eurent alors cette délimitation qui, pour ainsi dire, ne changea plus, du moins sensiblement.

Le royaume mauresque de Grenade tomba deux siècles après la conquête des Algarves. Durant cette période, le Portugal ne cessait de combattre les intrigues musulmanes hors de son territoire, comme l'atteste la conduite des Portugais à la bataille de Salado, où Alphonse III mérita de passer à l'histoire sous le surnom de *Brave*.

Du xie siècle à la fin du xve, les armées, par suite du sys-
tème féodal, se composaient de la noblesse, des hommes
d'armes à la solde du Roi et des milices levées dans les mu-
nicipalités. C'étaient donc des effectifs d'un recrutement assez
difficile, mais qui se disloquaient en un instant. Les Musulmans, au contraire, possédaient des troupes solidement consti-
tuées, d'où pour les Etats chrétiens la nécessité d'une vigi-
lance continuelle, dans le but d'éviter de dangereuses
surprises.

Cette tâche, d'abord exercée par les milices féodales et
communales, passa ensuite aux Ordres religieux chevaleresques, devenus la garnison permanente des frontières.

Le péril musulman paraissait si redoutable que le Saint-
Siège considérait comme Croisade toute guerre contre les
adeptes du *Coran*. Etait donc Croisé, le chevalier qui com-
battait en Terre Sainte ou dans les Espagnes, comme aussi
celui qui parcourait les mers à la chasse des corsaires maures,
menace permanente des villes chrétiennes du littoral et de
celles de l'intérieur, auxquelles on pouvait arriver par un
fleuve.

En effet, les Sarrasins n'épargnèrent même pas Rome,
ainsi que le prouve la création de la Cité Léonine.

En Portugal, comme dans le reste de la Péninsule Ibérique, les Ordres chevaleresques eurent donc large champ,
pour exercer leur bravoure, à la défense de la Croix contre le
Croissant. Partout leur histoire se lie étroitement à celle des
divers royaumes ibériques, jusqu'à la complète expulsion des
Arabes.

Les Ordres Portugais, ou mieux les Ordres existant dans
le Portugal, formèrent donc des milices précieuses pour la
sécurité de la Nation qui allait s'affermissant. A cet égard,
leur histoire est non seulement intéressante, mais indispen-
sable à connaître, comme facteur social.

Quand cessèrent les circonstances qui avaient donné naissance aux milices religieuses-chevaleresques, elles se rédui-
sirent, sans déchoir, à de simples honneurs, comme le sont
aujourd'hui les titres de noblesse qui, en un temps, corres-

pondaient à des charges de l'Etat, avec devoirs et privilèges y attachés.

Les Ordres chevaleresques portugais, de même que ceux auxquels appartint plus tard l'honneur de défendre la religion du Christ contre les assauts mauresques, ont une histoire spéciale, pouvant rivaliser avec celles des Ordres de Saint-Jean de Jérusalem ou de Malte, du Saint-Sépulcre, de Sainte-Marie des Allemands et de Saint-Etienne de Toscane.

La Milice du Christ, comme preuve de sa gloire, montre encore dans l'église de Thomar les trophées de ses exploits, les drapeaux pris aux Sarrasins ou ayant flotté sur les caravelles intrépides qui sillonnèrent l'Océan Atlantique, sous les ordres du Grand-Maître, Henri le Navigateur.

S'occuper des gestes de la chevalerie portugaise, n'est donc pas broder l'histoire des honneurs prodigués pour satisfaire la vanité humaine, mais écrire une page de la civilisation européenne.

Le Portugal, réputé à juste titre pour l'une des nations les plus instruites et les plus distinguées du monde entier, possède sept Ordres chevaleresques destinés à récompenser les mérites de ses nationaux et des étrangers.

Ce sont les Ordres suivants : de la Tour et de l'Épée, de Notre-Dame de la Conception de Villa-Viçosa, de Notre-Seigneur Jésus-Christ, de Saint-Benoît-d'Aviz, de Saint-Jacques-de-l'Épée, du Mérite agricole et industriel, et de Sainte-Isabelle.

D'excellents spécialistes ont écrit sur les Ordres portugais, mais malheureusement leurs œuvres sont aussi rares que volumineuses. C'est ce qui m'a décidé à faire un travail

concis, en mettant uniquement à profit les lois et les règle-
ments en vigueur.

I.

L'Ordre de la Tour et de l'Épée, regardé comme le plus éminent du Royaume, fut créé en 1459, par le Roi Alphonse V, prince guerrier, en souvenir de ses glorieuses victoires sur les Musulmans du Maroc, qui lui valurent le surnom d'*Africain*. Cet Ordre, purement politique, était alors conféré aux héros des guerres d'Afrique ; il tomba ensuite en désuétude jusqu'en 1808, époque à laquelle le Prince Régent de Portugal, Dom Joâo, le fit revivre pour célébrer son avènement au trône du Brésil.

Le 28 juillet 1832, Dom Pedro, duc de Bragance, Régent au nom de sa fille, la Reine Dona Maria II da Gloria, lui imposa de nouveaux statuts, sous le nom de : *Ordre antique et très noble de la Tour et de l'Épée, de la valeur, de la loyauté et du mérite.* Il fut divisé en quatre classes : grands-croix, commandeurs avec plaque, officiers et chevaliers. Le Roi est le Grand-Maître, les Princes et les Infants ont le titre de grand-croix. Chaque classe embrasse un nombre illimité de titulaires.

En 1896, on y ajouta la classe des grands officiers, pour récompenser principalement les officiers supérieurs qui s'étaient signalés dans la campagne du Mozambique.

L'insigne consiste en une étoile à cinq pointes, émaillée de blanc, pommettée d'or, surmontée d'une tour du même et entourée d'une guirlande de chêne. Au centre, du côté droit, existe un petit écu, avec une épée accolée à deux rameaux de laurier et la légende circulaire, en lettres d'or, sur émail d'azur : *Valeur, loyauté et mérite*. A l'envers, il y a un livre ouvert, portant sur une page les armes du Portugal, et sur l'autre les mots : *Charte constitutionnelle de la Monarchie*, avec la devise circulaire : *Pour le Roi et pour la Loi*.

Le ruban est bleu, mais dans les grandes cérémonies de la Cour, les chevaliers suspendent la décoration à une petite chaîne d'argent, et les officiers à une d'or, tandis que les commandeurs, les grands-officiers et les grands-croix se parent d'un collier composé alternativement de tours et d'épées.

La plaque de l'Ordre, semblable pour la forme à la décoration, est portée par les grands-croix et les commandeurs au côté gauche de la poitrine, alors que les grands-officiers la placent au côté droit.

Les titulaires de la Tour et de l'Épée ont la préséance sur tous les autres Ordres du royaume. Ils sont assimilés aux militaires et reçoivent les honneurs dus aux capitaines, lieutenants-colonels, colonels, généraux de brigade et généraux de division, suivant qu'ils sont chevaliers, officiers, commandeurs, grands-officiers ou grands-croix.

La fête de l'Ordre se célèbre le 29 avril de chaque année, anniversaire du jour où Dom Pedro, montant sur le trône de ses pères, restitua au Pays son ancienne liberté.

L'Ordre insigne de la Tour et de l'Épée est spécialement réservé au mérite militaire : ainsi les généraux qui commandent une armée ont le droit d'en décorer les braves sur le champ de bataille. Il peut être aussi conféré aux citoyens pour des actes exceptionnels de dévouement et de courage civil, comme aux savants de haute réputation, tant nationaux qu'étrangers. Bref, on peut affirmer que les prescriptions statutaires sont rigoureusement observées : l'Ordre de la Tour et de l'Épée, accordé avec une prudente parcimonie, passe, à bon droit, pour un des plus circonspects de l'Europe.

L'illustre poète portugais Castilho regardait comme un très grand honneur d'être affilié à un Ordre dont l'immortel Almeida Garett avait rédigé les statuts patriotiques.

Je dois ajouter que le bilan général des dépenses de l'Ordre fixe, chaque année, une somme destinée à soulager les titulaires invalides et pauvres, à accorder des pensions aux chevaliers dignes d'intérêt, ou à élever leurs enfants des deux sexes, orphelins et nécessiteux.

II.

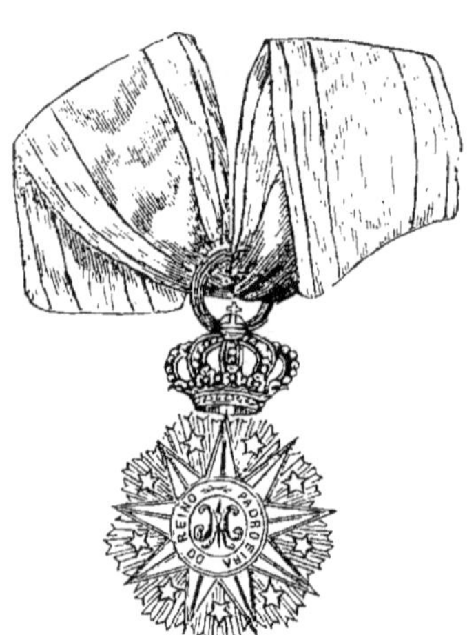

L'Ordre militaire de Notre-Dame de la Conception de Villa-Viçosa n'est pas ancien, mais comme celui de la Tour et de l'Épée, il est tenu en grande considération. C'est qu'il rappelle encore une fois la fervente dévotion des Rois de Portugal envers l'auguste Mère du Rédempteur. En effet, Jean IV la proclama Patronne du Royaume par un décret du mois de mars 1646. Pierre II confirma, en 1694, la Confrérie des Esclaves de la Conception à Villa-Viçosa. Jean V, en 1717, ordonna que désormais la fête de la Conception se célébrerait avec un éclat particulier. La Reine Dona Maria I s'inscrivit, en 1751, dans ladite confrérie. Jean VI, son fils et successeur, voulant manifester sa gratitude envers la Madone, pour de fréquents bienfaits reçus par son intercession, créa, par décret du 6 février 1818, l'Ordre militaire de Notre-Dame de la Conception. Le 1er septembre 1819, il publia en 21 articles les règles de la nouvelle institution chevaleresque, qui a pour Grand-Maître le Roi et comprend trois classes de décorés : grands-croix honoraires, commandeurs avec plaque, chevaliers.

Tous les membres de la Famille Royale sont grands-croix.

L'insigne se compose d'une étoile à 9 pointes, émaillée de blanc, cantonnée de rayons d'or, chargés de 9 petites étoiles aussi d'émail blanc, et surmontée de la couronne royale. Dans le centre en or mat, est gravée la salutation angélique en lettres d'or poli, et dans la circonférence, sur émail bleu, se lit la légende en lettres d'or : *Patronne du Royaume*. Ruban bleu liseré de blanc.

Les titulaires de cet Ordre jurent de défendre le mystère de l'Immaculée Conception. Ils jouissent de tous les honneurs, exemptions et privilèges accordés aux autres Ordres militaires du Royaume.

La fête de la glorieuse Patronne se célèbre tous les ans avec solennité le 8 décembre, à Villa-Viçosa, et le 15 du même mois, dans la chapelle de la Cour. Doivent y assister tous les décorés qui ne résident pas à plus d'une lieue du siège de l'ordre. Pour cette cérémonie, ils endossent un manteau blanc, serré à la ceinture par des cordons bleus et portent sur l'épaule droite l'insigne brodé en or.

La commande de l'Ordre de la Conception, suivant l'article 5 des statuts, devrait être conférée à ceux qui ont déjà le poste de gentilhomme à la Cour. Mais puisque cela se passe autrement, par exemple, pour les Étrangers, il en résulte que les commandeurs peuvent aspirer au titre nobiliaire héréditaire de *Fidalgo caralleiro*.

Les lettres patentes en parchemin de cette haute distinction portent la signature du Roi avec celle du grand majordome, et sont dûment enregistrées à la *Torre do Tombo*, Archives de l'État du royaume de Portugal.

Les *Fidalgos caralleiros* ou gentilshommes de Cour, ont un très élégant uniforme diplomatique.

Voici sa description :

Habit en drap bleu foncé, coupe militaire, garni de boutons de métal jaune, avec l'écu royal ; l'ouverture du col formant angle aigu sur le devant. Collet et parements écarlates, avec broderie en or, qui représentent une guirlande de feuilles de chêne, encadrant les dés et les tours de l'écu royal, posés alternativement. Gilet blanc avec boutons semblables à ceux de l'habit ; pantalon de drap bleu foncé avec bande d'or, chapeau à pointe avec petit cordon d'or, flocon de soie bleu et blanc et plumes blanches. La petite épée de Cour complète la tenue.

Note du Traducteur.

Je ne saurais clore ce paragraphe sans signaler au nombre des meilleurs lusitanophiles français, mon érudit ami, le félibre Louis de Sarran d'Allard, auquel j'ai consacré dans le *Courrier des Ardennes* (numéros des 4 et 5 janvier 1901), une esquisse, d'après les articles publiés par mon éminent collègue, M. le docteur Xavier da Cunha, Conservateur de la Bibliothèque de Lisbonne, dans le *Perfume* et dans le *Mundo catholico*. Depuis cette époque, les travaux de M. de Sarran ont été honorés de hauts encouragements. Ses publications sur Garett et sur Castilho notamment, lui ont valu le diplôme de commandeur avec plaque de l'Ordre de Notre-Dame de Villa-Viçosa, titre au sujet duquel il m'est doux de lui exprimer les plus élogieuses félicitations.

III.

L'ORDRE MILITAIRE DE NOTRE SEIGNEUR JÉSUS-CHRIST est vraiment le rameau portugais de l'antique et puissante Milice Jérosolimitaine du Temple que le Roi Denys I, malgré le décret de suppression rendu. en 1312, par le Pape Clément V, eut la sagesse de conserver, en la faisant revivre sous un nom plus glorieux. A cet égard le grand écrivain portugais, Almeida Garrett, s'exprime ainsi : « A antiga e venerada Ordem de Christo entre nôs succedeu à dos Templarios, cujas cores e parte de cujo instituto adoptou. »

Telle est l'origine de l'Ordre du Christ confirmée par le Pape Jean XXII, suivant bulle du 14 mars 1319. Ce document expose les motifs invoqués par Denys de Portugal, en faveur des biens appartenant aux Templiers, et afin de satisfaire au désir du Roi, il constitue la nouvelle milice de Jésus-Christ dans le château de Castro-Marino, pour la défense des frontières contre les invasions des ennemis de la Foi.

Tous les Templiers portugais se firent agréger à l'Ordre réformé, dont le siège fut transféré, en 1356, à Thomar, non loin de Santarem, précisément dans le vieux couvent de l'Ordre du Temple.

La Milice du Christ fleurit rapidement. Non contente de se signaler dans les entreprises guerrières qui libéraient pour toujours le Portugal de la sujétion des Maures, elle s'attirait, en outre, la reconnaissance de l'humanité entière, par les gigantesques expéditions et découvertes du xv⁰ siècle. L'infant Dom Henri. dit le Navigateur, Grand-Maître de l'invincible Milice, passe à titre juste, pour le splendide promoteur de ces entreprises, aussi merveilleuses dans leur hardiesse, que fécondes dans leur résultat. N'est-ce pas aussi le Voyant de Sagres, qui a donné au Portugal l'empire de nouvelles régions et à l'Europe la souveraineté incontestable de l'Océan?

Le Grand-Maître, élu par les chevaliers réunis en Chapitre général, devait rendre hommage aux Rois lusitaniens et prêter serment de fidélité et d'obéissance aux Papes, en même temps qu'à l'Église apostolique et romaine.

Les dignitaires du Chapitre, après le grand prieur, étaient : le grand commandeur, le grand sacristain, le massier et l'enseigne.

Sous le règne de Jean III, la Grande Maîtrise passa à la Couronne, en vertu de la bulle du Pape Jules III, donnée à Rome, l'an de grâce 1551.

Les aspirants à l'Ordre devaient être catholiques, fournir leurs preuves de noblesse et faire un noviciat militaire de trois ans contre les Infidèles. Les chevaliers suivaient la règle de Saint-Benoît, qui comportait les vœux de chasteté, de pauvreté et d'obéissance, mais le Pape Alexandre VI les dispensa avec raison, des deux premiers.

Le Père Andréa Mendo, jésuite espagnol, dans son important ouvrage : *De ordinibus militaribus disquisitiones, etc.,* imprimé à Salamanque en 1657, décrit ainsi l'insigne que les chevaliers du Christ adoptèrent, avec l'assentiment du Roi et du Pape, dès le début de l'institution : *Tessera huius ordinis crux rubra, cuius quatuor brachiorum extremitates linea candida intersecat, formata pariter alia cruce candida, ita ut binœ cruces appareant, rubra et alba.*

Les plus anciens portraits nous montrent cette croix d'une forme identique et pareillement potencée.

Je citerai, par exemple, le portrait de Vasco de Gama, chevalier de l'Ordre du Christ, que Teixeira de Aragão a reproduit en tête de son érudite monographie historique sur les grands navigateurs portugais.

Ce portrait, semblable à celui qui existe à l'Académie des Beaux-Arts de Lisbonne, passe pour le plus authentique, comme ayant été exécuté d'après nature, au début du XVIe siècle.

La Reine Dona Maria I sécularisa l'Ordre en 1789. Tout en conservant l'insigne primitif, elle prescrivit aux chevaliers grands-croix, classe récemment créée, et aux commandeurs, de le porter dorénavant surmonté d'un cœur flamboyant, par dévotion au Cœur de Jésus.

Il y a aussi une décoration fantaisiste, de forme octogone, couronnée et pommelée d'or, émaillée de bleu et de blanc, cantonnée de quatre petits écus ovales, avec les cinq dés des armes du Portugal. Au centre, on y voit la vraie croix de l'Ordre du Christ sur fond d'émail blanc, entourée d'une guirlande de chêne et de laurier.

Cet insigne qui devrait être aboli comme s'éloignant trop de la sévère beauté d'autrefois, semble réservé aux militaires, suivant la copieuse étude que Brasier et Brunet ont publiée à Paris, en 1898, sur les Ordres Portugais.

L'Ordre du Christ, bien qu'étendu au mérite civil, a gardé sa qualification de militaire. Il semble donc peu logique de permettre aux militaires le port d'un insigne si différent de celui des civils.

Ceux-ci devraient plutôt se parer de la croix, avec ou sans le cœur de flammes, suivant le grade, et les autres y substituer un trophée ou deux épées en sautoir.

Les insignes de l'Ordre sont suspendus à un ruban rouge, que les grands-croix portent en écharpe, les commandeurs au cou et les chevaliers à la boutonnière.

Les deux classes supérieures portent en outre, sur le côté gauche, une plaque d'argent, au centre de laquelle se trouve sur émail blanc la croix de l'Ordre.

Tous ceux qui ont écrit sur les Ordres chevaleresques affirment, sans aucune preuve, que le Pape Jean XXII s'était réservé la faculté de créer des chevaliers du Christ, et que, par conséquent, le suprême Ordre pontifical du même nom dérive de l'Ordre portugais.

Est-ce parce que, d'après Giacchieri *(Commentario degli Ordini equestri negli stati di Santa Chiesa)*, le Pape Pie V aurait reconnu la nécessité, au commencement du XVII° siècle, de créer spécialement, sous le nom du Christ, un ordre qui s'éteignit rapidement?

Cette faveur attribuée à Jean XXII ne repose sur aucun fondement. D'abord on n'en trouve pas de trace dans la bulle de ce pontife, ensuite les ordres de chevalerie étant autrefois des confréries purement privées, ne constituaient pas encore de simples distinctions honorifiques, octroyées par privilège exclusif des Princes et des Papes.

Ceux-ci se bornaient à sanctionner la fondation et le fonctionnement des institutions qui, en leur qualité de milices aguerries, rendaient d'importants services à leur pays.

Il est naturel que la plus haute honorificence chevaleresque, décernée par les Papes, tire son nom du divin Fondateur de notre sainte Religion, mais il n'en résulte pas que l'on doive, sans autorité historique, faire remonter à l'Ordre portugais du Christ, l'origine de l'Ordre pontifical d'aujourd'hui. Je ne crois pas qu'il soit possible d'appuyer de documents sérieux, des nominations antérieures au pontificat de Grégoire XVI.

Une vraie ramification de l'Ordre portugais est celle qui existait dans l'Empire du Brésil. Elle y fut introduite avec les Ordres de Saint-Benoît-d'Aviz et de Saint-Jacques-de-l'Épée, par le Roi Jean VI, lorsqu'en 1807, l'occupation de son Pays par les Français, le força à se réfugier dans cette colonie américaine (1).

Note du Traducteur.

En terminant ce chapitre, je me fais un devoir de rappeler ici la mémoire d'un de mes concitoyens, membre d'une famille dont le nom figure dans les plus belles pages des Annales Rethéloises.

Paul-Charles-François Dubus de Boisvicomte, docteur-ès-lettres, conseiller du Roi, seigneur de Belmont, de Lonchamps et de Villers-devant-Mézières, était maire et lieutenant-général civil et criminel au bailliage de Rethélois, quand il fut, vers 1750, investi du titre de chevalier de l'Ordre du Christ de Portugal.

Il m'a semblé intéressant de fixer le souvenir de la noble faveur accordée à mon vénéré compatriote et parent, car c'est le seul bourgeois de la bonne ville de Rethel qui, de temps immémorial, ait été honoré de semblable distinction.

Une précédente notice (2) énumère les plus notables alliances des Dubus, parmi lesquelles je me borne à rappeler les *Guériot*, anoblis en la personne de Jacques Guériot, écuyer, conseiller secrétaire du Roi, Maison et Couronne de France, enterré dans l'église de Rethel le 25 avril 1731.

Nicolas-Louis Guériot de Saint-Martin, général de brigade d'artillerie, son arrière-petit-fils, né à Châlons-sur Marne, le 25 novembre 1762, mourut, sans postérité, à Saint-Domingue, le 4 messidor an X. Le général Guériot de Saint-Martin est actuellement représenté par son petit-neveu, Me Louis Guédet, notaire à Reims, ancien trésorier du Conseil de Fabrique de la paroisse Notre-Dame (Cathédrale). Cet érudit bibliophile se rattache lui-même, par filiation ducment établie, aux noms les plus notables de la cité, tels que les

(1) L'Ordre du Christ a naguère fait l'objet d'un volume illustré : *A Ordem de Christo*, par J. VIEIRA DA S. GUIMARÃES. Lisboa. Empreza da Historia de Portugal, 1901. — Cette magnifique publication constitue une étude historique, épigraphique et archéologique très complète, dont la dédicace a été acceptée par S. M. T. F. le Roi de Portugal, Grand-Maître de l'Ordre.

(2) Cfr. Paul PELLOT. *Un chevalier de l'Ordre du Christ de Portugal à Rethel en 1750.* Vannes, imp. Lafolye, 1900. — Dans ce travail, j'ai aussi établi la communauté d'origine du chevalier Dubus de Boisvicomte avec l'illustre académicien Hippolyte Taine, l'immortel auteur des *Origines de la France contemporaine*, auquel j'ai consacré une étude généalogique intitulée : *Les origines de la Famille Taine*, par Paul Pellot. Paris — librairie Alphonse Picard et fils — 1903, br. in-8.

Colbert, les Marlot, les La Salle, les Moët, les Thuisy, et autres non moins distingués.

De son mariage avec Mᵐᵉ Madeleine Bataille, sont tous nés à Reims :

1. Jean, le 1ᵉʳ juin 1896 ;
2. Robert, le 13 septembre 1897 ;
3. Marie Louise, le 15 juin 1900 ;
4. André, le 5 juin 1903.

A la descendance de Jacques Guériot, appartient encore un arrière-petit-neveu du Grand Colbert, le regretté philanthrope M. Louis Pommery [1], dont les largesses aidèrent puissamment à l'exécution de la superbe Jeanne d'Arc, érigée sur le parvis de la Cathédrale de Reims, par le célèbre statuaire Paul-Dubois, ancien Directeur de l'Ecole des Beaux-Arts.

Mᵐᵉ Pommery, sa mère, zélée protectrice des artistes, avait autrefois permis à la France de conserver un chef-d'œuvre du peintre Millet. Après l'adjudication de l'*Angelus* enlevé à prix d'or, cette généreuse dame acquit les *Glaneuses*, moyennant le prix de 300.000 francs, pour en faire cadeau à l'Etat par acte authentique.

IV.

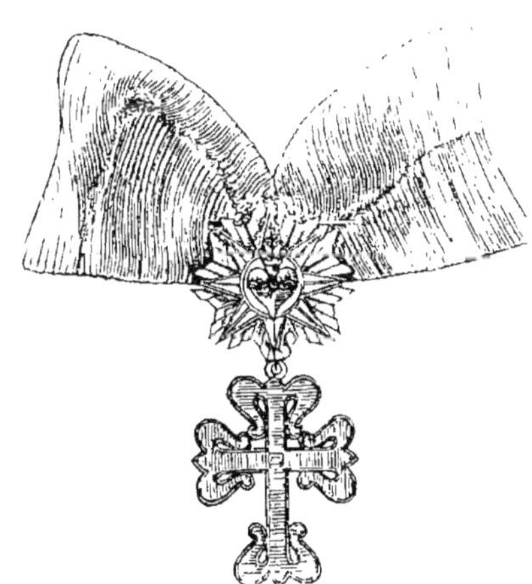

« L'ORDRE DE SAINT-BENOIT-D'AVIZ est destiné à honorer le corps militaire, en récompensant les services militaires, politiques ou civils des personnes enrôlées dans les armées de terre et de mer. »

Ainsi s'exprime l'article 29 de la loi du 19 juin 1789, par laquelle la Reine Dona Maria I introduisit des réformes substantielles dans les trois antiques Ordres du Christ, de

(1 Cfr. *Louis Pommery, membre titulaire de l'Académie de Reims, 1841-1907. Notice par Paul PELLOT*, membre correspondant, lue à la séance de cette Société le 13 décembre 1907. Reims, Imp. de l'Académie, br. in-8.

Saint-Benoît-d'Aviz et de Saint-Jacques-de-l'Épée. Celui d'Aviz est le plus ancien et doit son origine à quelques gentilshommes de Coïmbre qui, en 1143, s'associèrent sous le nom de *Nouvelle Milice*, pour repousser les continuelles incursions des Maures et réprimer leurs brigandages.

Le Roi Dom Alphonse I, voulant profiter de cette association militaire pour étendre ses domaines, la tira de l'obscurité en 1162 et lui concéda des rentes, des privilèges, et une constitution basée sur la règle de Saint-Benoît.

Quatre ans après, le même Prince, en récompense de leurs services, confia aux nouveaux chevaliers la garde de la ville d'Evora, qui venait d'être prise sur les Maures. Ils restèrent si longtemps dans leur nouvelle résidence, qu'ils en prirent le nom.

Mais lorsque, en 1213, le Roi Dom Alphonse II, neveu du précédent, dota la milice d'Evora, du château et de partie de la ville d'Aviz, la Nouvelle Milice fixa son siège définitif dans ce dernier endroit, en prenant le nom d'Ordre d'Aviz.

En 1385, sous la maîtrise de Dom Jacques I, fils naturel du Roi Dom Pedro I, les chevaliers se détachèrent de l'Ordre espagnol de Calatrava, auquel ils avaient été assujettis pour un certain temps. Il fut reconnu par le Pape Eugène IV, et confirmé sous le titre de Saint-Benoît-d'Aviz. En 1496, le Pape Alexandre VI délia les chevaliers du vœu de chasteté, et, en 1505, Jules II les dispensa de celui de pauvreté.

A la mort du Grand-Maître Dom Georges, fils naturel du Roi Jean II, la maîtrise de l'Ordre passa à la Couronne, avec l'assentiment du Pape Jean III, comme il appert de sa bulle, en date du 4 janvier 1551.

L'Ordre de Saint-Benoît-d'Aviz est aujourd'hui le seul exclusivement réservé aux militaires, tant nationaux qu'étrangers. Il comprend trois classes : grands-croix, commandeurs avec plaque et chevaliers. La décoration consiste en une croix d'or émaillée de vert, allongée et semée de lis. Le ruban est vert. La plaque, semblable à celle de l'Ordre du Christ, est chargée au centre de la croix d'Aviz. Les insignes des grands-croix et des commandeurs sont surmontés du cœur flamboyant de Jésus.

Note du Traducteur.

C'est ici l'occasion de mentionner l'un de nos compatriotes rethélois, à qui une bravoure héréditaire chez les siens, valut d'être agrégé dans l'Ordre éminent de Saint-Benoît-d'Aviz.

Alexandre-Pierre-Charles-Suzanne, comte d'Artaize, chevalier des Ordres de Saint-Louis, de Saint-Jean-de-Jérusalem et de Saint-Benoît-d'Aviz, naquit au château de Belair, paroisse de Sault-les-Rethel, le 4 août 1771. Il émigra en 1790, étant alors officier de cavalerie, devint aide de camp du général Esterhazy et fit la campagne de 1792, à l'armée des Princes. Capitaine de troupes légères au service du Portugal en 1797, il rentra en France en 1809, et épousa à Stenay, le 7 juillet de la dite année, Françoise-Antoinette Galland du Pigny, fille de Charles-Antoine Galland, commissaire des guerres.

Le comte d'Artaize mourut sans postérité ; avec lui, s'éteignait le dernier représentant de son nom.

Il était fils du général Louis-Alexandre, comte d'Artaize, grand-bailli d'épée du duché de Rethélois, en 1789, décédé à Rethel le 12 avril 1799, après avoir été admis à la retraite avec le grade de maréchal de camp. Marie-Françoise de Roquefeuil, sa mère, descendait d'un ancien lignage, originaire de Rouergue, où se trouvait le marquisat de Roquefeuil.

V.

L'Ordre militaire de Saint-Jacques prit naissance en Castille, vers 1170, dans le but de combattre les Maures ; il obtint, cinq ans après, reconnaissance et confirmation du Pape Alexandre III. Ses chevaliers s'acquirent rapidement une telle renommée guerrière, qu'en 1177, le Roi de Portugal, Dom Alphonse I, voulut les avoir dans son royaume. Il leur distribua d'abondantes largesses, pour les récompenser des services qu'il en avait reçus à la prise de Santarem. Les successeurs d'Alphonse ne cessèrent de protéger l'Ordre, en lui prodiguant les bénéfices et privilèges, de sorte qu'il arriva à posséder des revenus considérables, réunissant sous sa juridiction quarante-sept bourgades et cent cinquante commanderies.

Les chevaliers de Saint-Jacques devaient prouver quatre quartiers de noblesse, tant du côté paternel que du côté maternel. Ils pouvaient se marier, à charge d'en demander préalablement la permission. Le monastère de Santo-le-Vieux était même tenu de donner l'hospitalité aux femmes et aux enfants des commandeurs qui allaient à la guerre.

L'Ordre portugais se dégagea définitivement de la dépendance ou suggestion de l'Ordre espagnol dont il était un rameau, sous le règne de Denys I, qui obtint, en 1320, du Pape Jean XXII, un bref confirmatif de cette séparation.

À la mort du Grand-Maître Dom Georges, duc de Coïmbre, c'est-à-dire en 1551, la Grande Maîtrise passa à la Couronne de Portugal, en vertu de la bulle du Pape Jules III, dont il a été ci-dessus question.

La Reine Dona Maria I réforma l'Ordre de Saint-Jacques, en le divisant en trois classes (grands-croix, commandeurs, chevaliers) et le destina à récompenser les services du Mérite civil, ainsi qu'il résulte des articles 31 et 32 de la loi du 19 juin 1789.

Aujourd'hui le mérite peut se fonder sur un travail pacifique et sur de glorieuses entreprises tentées pour le progrès des sciences, des lettres et des arts. Guidé par ces considérations, le Roi Dom Louis I, par son édit du 31 octobre 1862, donna une nouvelle constitution à l'Ordre, qui s'intitula alors : *Antique, très noble et illustre Ordre de Saint-Jacques, du Mérite scientifique, littéraire et artistique.*

Il fut divisé en quatre classes, dont le contingent est ainsi limité : huit grands-croix, six portugais et deux étrangers ; trente commandeurs avec plaque, vingt-cinq portugais et cinq étrangers ; cinquante officiers, quarante portugais et dix étrangers ; soixante-dix chevaliers, soixante portugais et dix étrangers.

Le Roi décida, en outre, que l'on ne pourrait faire d'autres nominations que celles nécessitées en cas de vacance. L'unique titre pour l'agrégation doit être le mérite signalé et d'importants services rendus aux sciences, aux lettres et aux arts, tant par les nationaux que par les étrangers.

Le 24 juillet de chaque année, fête du Saint Patron, le Grand-Maître réunit les titulaires de l'Ordre en Chapitre général et solennel, afin de pourvoir aux nouvelles admissions.

L'insigne primitif était une courte épée en forme de croix, semée de lis, émaillée de rouge, au pied appointée. La Reine Dona Maria I y ajouta, pour les grands-croix et commandeurs, le cœur flamboyant de Jésus. La croix d'aujourd'hui ressemble à l'ancienne, mais elle est entourée de deux palmes, avec la légende : *Sciences, lettres et arts*.

Ceux qui portent les insignes de l'Ordre de Saint-Jacques ont droit aux mêmes honneurs et privilèges que les chevaliers des autres Ordres portugais.

Aux jours de Cour et de Gala, les chevaliers portent l'insigne à la boutonnière de l'habit, avec ruban violet ; les officiers ont la décoration suspendue à un collier d'argent, composé de couronnes d'or, de palmes et d'épées : les commandeurs et les grands-croix portent un collier en or, semblable pour la forme au précédent.

Chacun d'eux orne, en outre, le côté gauche de la poitrine d'une plaque identique à celle des Ordres du Christ et d'Aviz, chargée au centre de l'ancienne croix de Saint-Jacques.

Cet Ordre, aujourd'hui essentiellement démocratique, constitue la plus haute distinction décernée aux nobles représentants de la science humaine.

Lorsqu'au mois de mars 1895, Lisbonne fêta avec pompe l'anniversaire de la naissance du célèbre João de Deus(1), le Roi

1) João de Deus, ancien député, membre de l'Académie Royale des Sciences, surnommé le Victor Hugo Portugais, décédé le 11 janvier 1896, à l'âge de 65 ans, et inhumé au Panthéon de Lisbonne.

Les œuvres lyriques de l'illustre poète, chez qui domine un souffle puissant, ont été réimprimées en un recueil complet, sous le titre de :

Dom Carlos I, suivi d'un cortège civique, daigna aller lui remettre en personne les insignes de grand-croix de Saint-Jacques. L'illustre Souverain, en rendant ce sublime hommage au grand poète national, pensait sans doute aux charmants vers de Charles IX à Ronsard :

> L'art de faire des vers, dût-on s'en indigner,
> Doit être à plus haut prix que celui de régner.
> Tous deux également nous portons la couronne,
> Mais roi, je la reçus, poète, tu la donnes.

La Reine Dona Maria I s'exprime ainsi dans l'article 1er de la loi précitée du 19 juin 1789 :

« Les Grands Maîtres, mes Augustes prédécesseurs,
« avaient coutume de ne porter que les insignes de Notre-
« Seigneur Jésus-Christ, comme je le pratique encore. Mais
« en agissant ainsi, je ne semble être Grande Maîtresse que
« d'un seul ordre, alors que je le suis réellement de tous les
« trois (Christ, Saint-Benoît-d'Aviz et Saint-Jacques). Par
« ces motifs, je décide d'employer dorénavant les rubans,
« insignes et médailles des trois Ordres. J'espère que les Rois
« Grands-Maîtres, mes successeurs, suivront mon exemple,
« pour les mêmes motifs que ceux qui m'ont engagée à in-
« troduire cette modification. »

Depuis cette époque, les Rois de Portugal portent un médaillon d'or surmonté d'une couronne, et sur lequel figurent les croix des Ordres du Christ, d'Aviz et de Saint-Jacques.

Ce médaillon est suspendu à un ruban tricolore, vert, rouge et violet. La plaque diamantée possède également au centre les insignes en réduction des trois Ordres susmentionnés.

Campo de flores. Lisbonne, 2e édition *ne varietur*, 1896, in-12, 700 pages.

Ce vaste génie, aux inspirations pleines de noblesse, de variété et de mélodie, a laissé pour fils et héritier de ses patriotiques traditions : Dom José do Espirito Santo de Battaglia Ramos, vicomte de San Bartholomeu de Messines, Officier de la Secrétairerie Générale des Bibliothèques, décoré de la Croix *pro Ecclesiâ et Pontifice*, Commandeur de l'Ordre Militaire du Saint-Sépulcre.

Je crois opportun de rappeler que Sa Majesté Très Fidèle
le Roi de Portugal a conféré le médaillon des Ordres réunis
du Christ, de Saint-Benoît et de Saint-Jacques, à son Auguste
cousin Victor-Emmanuel, lors de l'avènement de ce Prince au
trône d'Italie.

VI.

L'Ordre de Saint-Jacques, réservé au
mérite scientifique, littéraire et artistique,
devait trouver un complément indispen-
sable pour récompenser les bienfaits de
l'agriculture et de l'industrie. Cette source
de richesse pour les nations contribue, en
effet, aux progrès de la civilisation, dans
une mesure aussi large que les sciences
spéculatives et les arts libéraux.

C'est en s'inspirant de ces idées que
plusieurs États d'Europe créèrent diverses
distinctions honorifiques, savoir : l'Italie,
la médaille d'argent du Mérite agricole ;
la France, l'Ordre national du Mérite agricole ; la Russie, l'Ordre de Saint-Wladimir
et une médaille ; l'Autriche, l'Ordre de
François-Joseph ; la Suède, l'Ordre de Wasa et une médaille ;
la Belgique, la Décoration industrielle et agricole.

Le Portugal, pays agricole et colonisateur par excellence,
ne pouvait rester en arrière. Il créa donc, le 4 juin 1893, un
ordre pour récompenser exclusivement les services rendus à
l'agriculture et à l'industrie nationales, soit par des travaux
pratiques, soit par des études scientifiques.

Le nouvel ORDRE DU MÉRITE AGRICOLE ET INDUSTRIEL est
divisé en deux sections : l'une pour l'agriculture, l'autre pour
l'industrie, et chacune d'elles comprend trois classes de
décorés, c'est-à-dire : officiers, commandeurs avec plaque et
grands-croix.

L'insigne des officiers consiste en une médaille ronde qui,

d'un côté, porte l'effigie du créateur de l'Ordre et, de l'autre, la légende : *Mérite agricole* ou *Mérite industriel.*

L'insigne des commandeurs et des grands-croix représente une étoile à neuf pointes, émaillée de vert, pour l'agriculture, de rouge pour l'industrie, cantonnée de rayons d'or, chargée de neuf étoiles du même. La décoration est surmontée de la couronne royale et porte, au centre, sur fond d'or, d'un côté, l'effigie susdite du Roi, entourée d'une guirlande de laurier, et, de l'autre, la légende : *Mérite agricole* ou *Mérite industriel.*

Le ruban a trois bandes égales : deux vertes et une rouge pour l'agriculture, deux rouges et une verte pour l'industrie. L'Ordre est accessible aux Étrangers ; pour l'admission des commandeurs et des grands-croix on suit les règles de l'Ordre de Saint-Jacques.

VII.

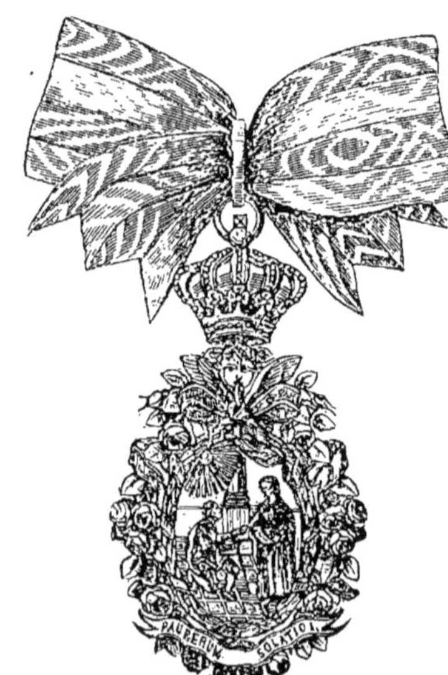

Sainte-Isabelle d'Aragon, dont le corps repose dans le monumental couvent de Sainte-Claire, à Coïmbre, représente, au cours de l'histoire portugaise du xiiie siècle, la plus suave et la plus noble figure de femme, en un mot, la Reine de la poésie, de la légende et du miracle.

Mariée au Roi Denys 1, fondateur de la Milice du Christ, cette angélique Princessa exerça, toute sa vie, en des temps difficiles de guerres et de révoltes, un ardent apostolat d'amour, de charité et de concorde. Aussi ses sujets reconnaissants lui donnèrent-ils le titre glorieux de *Mère de la Paix et de la Patrie.*

Chaque année, à l'anniversaire de la sublime Patronne de Coïmbre, de nombreux pèlerins accourent de tous les coins du Royaume, pour vénérer son tombeau et manifester ainsi envers la *Sainte Reine* leur culte religieux et patriotique.

Dans le but d'illustrer cette antique dévotion, et pour satisfaire au désir de Dona Charlotte de Bourbon, son épouse, Dom João, Prince Régent de Portugal, créa, le 4 novembre 1801, l'Ordre de Sainte-Isabelle, exclusivement réservé pour les dames.

Les statuts du nouvel Ordre, rédigés par la pieuse Princesse, en vertu d'une concession spéciale, furent publiés le 25 avril 1804.

L'insigne est une médaille d'or, entourée d'une guirlande de roses, en mémoire du miracle de sainte Isabelle qui, durant l'hiver, transforma en ces fleurs, l'argent qu'elle avait dans son giron, afin de ne pas divulguer le secret de sa charité. Au milieu, d'un côté, on voit l'image de la Sainte qui distribue des aumônes, avec ces mots : *Consolation des Pauvres ;* de l'autre, le monogramme de la Princesse Charlotte, et autour la légende : *Ordre royal de Sainte-Isabelle,* avec la date de fondation. Une couronne royale surmonte la médaille qui se suspend à un ruban rose bordé de blanc.

L'Ordre est composé de vingt-six dames nobles, qui doivent avoir vingt-six ans et être mariées. L'admission se fait solennellement en l'une des salles du Palais-Royal. La Reine de Portugal, Grande-Maîtresse, demande à l'aspirante si elle désire être reçue dans l'Ordre royal de Sainte-Isabelle, si elle en connaît les statuts et promet de les observer.

Sur sa réponse affirmative, Sa Majesté décore la nouvelle dame des insignes, en l'exhortant à accomplir fidèlement ses devoirs, qui consistent à visiter une fois par semaine l'hospice des Enfants-Trouvés, à s'intéresser au bon fonctionnement économique de cet asile et à exercer la charité vis-à-vis des orphelins.

Un Secrétaire, nommé par la Reine, tient les archives de cet Ordre très noble qui est rarement accordé aux dames étrangères.

VIII.

Le Grand-Maître des Ordres Portugais est actuellement Sa Majesté Très Fidèle Dom Carlos I de Bragance, Saxe-Cobourg-Gotha, Roi de Portugal et des Algarves, fils du regretté Dom Louis I et de Dona Maria Pia de Savoie.

Dom Carlos a de qui tenir, et sa haute intelligence n'a d'égal que l'étendue de son érudition (1). Ce Prince inspire par ses manières cordiales et populaires, la plus haute sympathie à ceux qui ont le bonheur de l'approcher.

Son Académie des Sciences de Lisbonne est une des plus remarquables de l'Europe. L'Auguste Souverain aime, en effet, à s'entourer de savants, de lettrés et d'artistes dont il sait apprécier les œuvres et encourager le talent.

Dans cette noble tâche, le seconde à merveille sa pieuse épouse, la Reine Dona Amélie de France, que j'appellerai la Consolatrice des malheureux, la Providence des pauvres et la généreuse Promotrice de toute œuvre de progrès dans la patrie de Camoens (2).

La Cour de Portugal, on peut bien le dire sans flatterie, est un Athénée d'illustres génies. Citons-en quelques-uns qui occupent de hauts emplois : la duchesse de Palmella, dont la conception artistique excelle en sculpture ; Bernado Pindella, comte d'Arnoso, que je nommerai le *De Amicis* portugais ; le comte de Sabugosa, poète plein de fantaisie, d'élégance et de délicatesse, et Ramalho Ortigão, l'un des plus profonds critiques de notre époque.

(1) Sa Majesté Très Fidèle est, en outre, un peintre très habile ; on dit que les connaisseurs apprécient hautement ses superbes toiles, où il a su, avec un talent de maître, faire ressortir la vigoureuse poésie des scènes maritimes de son pays.

(2) Cfr. A. PADULA. — *Donna Amélie d'Orléans, Regina di Portogallo,* Napoli, Stab. Tip. Pierro et Veraldi. — Enthousiaste panégyrique d'une Reine *gracieuse, bonne et belle,* chez qui le vaste savoir rivalise avec la grandeur des sentiments. La vie de cette radieuse Princesse permet, en effet, suivant l'expression de l'auteur, d'admirer un suave idéal dans une splendide réalité.

DOCUMENTS OFFICIELS

TEXTE DE DIPLOMES PORTUGAIS

Antonio Padula, subdito de Sua Magestade
El Rei de Italia

Eu El-Rei de Portugal e dos Algarves etç.
vos Envio muito saudar.

Attendendo aos vossos merecimentos e qualidades, e Querendo Dar-vos um publico testemunho da Minha Consideração : Hei por bem, Annuindo à proposta do Ministro e Secretario d'Estado dos Negocios Estrangeiros, Nomear-vos Commendador da Real Ordem Militar de Nossa Senhora da Conceição de Villa Viçosa. O que Me pareceu participar vos para vossa intelligencia e satisfação, e para que possaes desde jà usar das respectivas insignias vos Mando esta Carta.

Escripta no Paço das Necessidades em vinte e cinco de Março de mil oitocentos noventa e sete.

(L. S.) signé : El-Rei

signé : Josè Luciano de Castro.

SEGRETARIA
DA MORDOMIA MOR
DA CASA REAL

Eu El Rei Faço saber a vos Francisco de Mello, Conde de Ficalho, Par Do Reino, Conselheiro d'Estado effectivo, Gram Cruz da Ordem de Nosso Senhor Jesus Christo e de outras estrangeiras, Gentil Homem da Minha Real Camara e Meu Mordomo Mòr : Que attentas as circumstancias que concorrem em Antonio Padula, Socio da Academia Real das Sciencias de Lisboa, commendador das ordens militares de Nossa Senhora da Conceiçao de Villa Viçosa e da de Nosso Senhor Jesus Christo ; Hei por bem e Me Praz Fazer-lhe mercè do Foro de Fidalgo Cavalleiro da Minha Real Casa com mil e seis centos reis de moradia por mez e um alqueire de cevada par dia, paga segundo a ordenança. Fica obrigado ao pagamento da quantia de cento e vinte mil reis de direitos de mercê e dos respectivos impostos, devendo, logo que tenha realisado o mesmo pagamento, apresentar este Diploma na Direcção Geral das contribuições directas do Ministerio da Fazenda, para nos termos do Regulamento de vinte e oito d'Agosto de mil oitocentos e sessenta se exarar n'elle a necessaria quitação, sem a qual não terá inteira validade. Mando vos o façais assentar no Livro da Matricula dos Moradores da Minha Casa em seu titulo com a dita moradia e cevada.

Paço, em dezenove de Fevereiro de mil e novecentos.

EL-REI

CONDE MORDOMO MOR

Alvarà pelo qual Vossa Magestade Ha por bem Fazer mercê a Antonio Padula do Foro de Fidalgo Cavalleiro da Sua Real Casa.

Para Vossa Magestade Vêr.

(Seguono le vidimazioni e registrazioni a Lisbona)

SEGRETARIA
DA MORDOMIA MOR
DA CASA REAL

Eu El-Rei Faço saber à vós Antonio Maria Josè de Mello Silva Cezar e Menezes, Conde de Sabugosa, Par do Reino, Gram Cruz da Ordem de Nosso Senhor Jesus Christo e de outras estrangeiras, Gentil Homem da Minha Real Camara e Meu Mordomo Mor : Que attentas as circumstancias que concorrem em Adriano de Valbranca, natural da cidade de Napoles, Reino de Italia, filho legitimo do Conde de Valbranca, Emilio, Fidalgo Cavalleiro da Minha Real Casa : Hei por bem e Me Praz Fazer-lhe mercê do mesmo Foro de Fidalgo Cavalleiro Não pagou direitos de mercê, por ser o Foro que, por successão do dito seu pae lhe pertence. Mando-vos o façaes assentar no Livro da Matricula dos Moradores da Minha Casa em seu titulo, como dito fica.

Paço em dezesete de Dezembro de mil nove centos e seis.

EL-REI

O CONDE MORDOMO MÔR

Alvarà pelo qual Vossa Magestade Ha por bem Fazer mercê a Adriano de Valbranca do Foro de Fidalgo Cavalleiro da Sua Real Casa, o qual lhe pertence por successão de seu pae.

Para Vossa Magestade Vêr.

(Seguono le vidimazioni e registrazioni a Lisbona)

ANTONIO PADULA, SUBDITO ITALIANO
SOCIO DA ACADEMIA REAL DAS SCIENCIAS

EU EL-REI DE PORTUGAL E DOS ALGARVES ETC.
VOS ENVIO MUITO SAUDAR.

Attendendo aos vossos merecimentos e qualidades, e Querendo Dar-vos um publico testemunho da Minha Munificencia e consideração : Hei por bem, Annuindo à proposta do Ministro e Secretario d'Estado dos Negocios Estrangeiros Nomear-vos Commendador da Real Ordem Militar de Nosso Senhor Jesus Christo, O que Me pareceu participar-vos para vossa intelligencia e satisfação, e para que possaes desde jà usar das respectivas insignias vos Mando esta Carta.

Escripta no Paço das Necessidades em nove de Dezembro de mil ditocentos noventa e nove.

(L. S.) signé : EL-REI

signé : JOSÈ LUCIANO DE CASTRO

ANTONIO PADULA, SUBDITO ITALIANO, ESCRIPTOR

EU EL-REI DE PORTUGAL E DOS ALGARVES ETC.
VOS ENVIO MUITO SAUDAR.

Attendendo às vossas qualidades e circumstancias, e Querendo Dar-vos um novo testemunho da minha Real Consideração, pelos serviços que tendes prestado à litteratura portugueza : Hei por bem Nomear-vos Commendador da Antiga, Nobilissima e Esclarecida Ordem de Sao Thiago do merito scientifico, litterario e artistico,

O que Me Pareceu participar-vos para vossa intelligencia e satisfação, e para que possaes usar desde jà as respectivas insignias vos Envio esta Carta.

Escripta no Paço das Necessidades em quatorze de Abril de mil novecentos e seis.

(L. S.) signé : EL-REI

signé : HERNESTO RODOLPHO HINTZE RIBEIRO

Para ANTONIO PADULA
Subdito italiano, escriptor.

Dr HUGO SCARPITTI, SUBDITO ITALIANO

EU EL-REI DE PORTUGAL E DOS ALGARVES ETÇ.
VOS ENVIO MUITO SAUDAR.

Attendendo às vossas qualidades e circumstancias, e Querendo Dar-vos um publico testemunho da Minha Real Benevolencia : Hei por bem, Annuindo à proposta do Ministro e Secretario d'Estado dos Negocios Estrangeiros Nomear-vos Commendador da Real Ordem Civil do Merito Industrial.

O que Me Pareceu participar-vos para vossa intelligencia e satisfação e para que possaes usar desde já as respectivas insignias vos Envio esta Carta.

Escripta no Paço das Necessidades em vinte de março de mi novecentos e sete.

(L. S.) signé : EL-REI

signé, JOAO FRANCO CASTELLO BRANCO

Para o Dr HUGO SCARPITTI
Subdito italiano

CAROLO I

PORTUGALIAE ET ALGARBIORUM REGE
ACADEMIAE SCIENTIARUM OLISIPONENSIS
MAECENATE ET PRAESIDE

Olisiponensis Scientiarum Academiae Decreto, communique consensione ac plausu sancitum est : Clarissimum Virum ANTONIUM PADULA in Sociorum coetu et ordinem cooptari, et decus amplificata censeri, eum privilegiis et honoribus, quibus caeteri gaudent, uti e frui posse, ejusque rei publicum libello hoc dari testimonium. Olisipone ex Aedibus Academicis die VIII Aprilis A. D. MDCCCLXXXXVII.

CAROLUS I PRAESES

ADRIANUS AUGUSTUS PINA VIDAL
Ab actis

(L. S.)

Reims, Imprimerie coopérative, rue Pluche, 24. (41108)